L'Amour renaîtra de ses cendres

Jennifer Mac Hart

La Mort

C'est toujours le même problème, on croit ce qu'on a envie, et quand on ouvre les yeux, il est trop tard pour effacer cette souffrance accumulée.

Je ne pense plus qu'à toi, à ce jour
où tu m'as brisé le cœur et que
cette belle image de toi s'est
détruite à cause d'une erreur.

Un par un, j'essaye de retirer ces morceaux de toi qui, depuis que tu m'as quittée, restent là et ne cicatrisent pas.

Pendant des années, j'ai cru que cette femme était en dehors de ma vie, pas très loin peut-être mais en dehors. Qu'elle n'existait plus, qu'elle vivait très loin, qu'elle n'avait jamais été aussi belle que ça, qu'elle n'appartenait qu'au monde du passé. Le monde de quand j'étais jeune et romantique, quand je croyais que l'amour durait toujours, et que rien n'était plus grand que mon amour pour elle. Toutes ces bêtises...

*Sans toi je vais vivre, enfin vivre,
et déchirer les pages d'une vieille
histoire.*

Tout l'amour de mon âme n'est plus à prendre, et ce, depuis le jour où tu t'es emparé de mon cœur et que tu l'as brisé.

J'aimerais être un poignard et pouvoir briser ton cœur comme tu as brisé le mien, et faire couler ton sang comme tu as fait couler mes larmes.

Jamais je n'aurais pensé pouvoir maudire à ce point le jour où je t'ai rencontré.

Moi sans toi, c'est un corps qui se consume pour rien, brûlé par le souvenir de trop brèves étreintes. C'est en moi un puits d'angoisse au fond duquel je ne cesse de tomber : tout est-il déjà terminé ?

« Je t'aime plus que ma propre vie, dès que je m'éloigne de toi, j'ai l'impression de n'avoir plus qu'un grand trou vide et glacé à la place du cœur, et le jour où tu n'as plus voulu de moi, mon cœur s'est brisé comme du verre contre le tien qui était de pierre. »

*Laisse-moi le temps de trouver
l'empreinte pour mes pas, à force
de t'avoir cherché je ne sais plus
comment t'atteindre.*

Je t'ai aimé jusqu'à te perdre, j'en ai fait trop, toi pas assez.

On ne se rend compte qu'on aime
vraiment quelqu'un que le jour où
on l'a perdu

*Si on ne se revoyait jamais, quand
tu penseras à celle que tu aimais,
souviens-toi que je vis en toi.*

J'aimerais que quelqu'un m'attende
quelque part. Je ne sais pas
pourquoi, j'ai toujours cet espoir
débile qu'un jour, quelqu'un
m'aimera et sera là pour moi.

A. Gavalda

Prends ce qui t'es donné sans chercher à savoir ce qu'il y a derrière, c'est le seul moyen pour toi d'être heureuse.

Il y a des regards qu'on garde en
soi, des rires qu'on n'oublie pas,
souviens-toi qu'un jour on s'est
aimés.

*Si tu vois flotter une larme
bohème dans mes yeux, mon cœur
s'y promène.*

*Dans mon cœur il y a cet éclat,
cette lueur que l'on n'éteint jamais
quand on a trop aimé.*

*Mieux vaut avoir aimé en vain
que ne pas avoir aimé du tout.*

Dans un couple, il y a celui qui aime, et celui qui se laisse aimer.

Je ne peux pas te demander de m'aimer autant que je t'aime, aucun cœur n'est assez grand pour contenir tout l'amour que je te porte, le mien s'en est même brisé à la tâche.

On aurait pu se donner une autre chance, mais tout ce que tu veux me laisser est un silence.

Tu peux tout emporter car il ne me reste rien sans nous. Tout ce qu'il me reste à vivre c'est cet amour fou dont tu me prives.

Nous avions tant de points communs, comment notre histoire a t-elle pu aller si peu loin ?

Il en est du véritable amour comme l'apparition des esprits : tout le monde en parle mais peu de gens en ont vu.

Je voudrais ce soir que ça recommence, mais pour plus longtemps.

Je sais ce qu'à mon cœur coûtera
votre vue, mais qui cherche à
mourir doit chercher ce qui tue.

P. Corneille

*L'amour est un tyran qui
n'épargne personne.*

Quand tu me regardes dans les yeux, je veux me dire que j'ai encore une place dans l'amour qu'on se donne tous les deux.

L'amour croit avidement tout ce qu'il souhaite.

*Je garde l'espoir qu'un jour on
redira « nous »*

« J'ai si mal sans toi,
Tant pis si je ne guérissais pas,
Car mes douleurs sont belles à mourir,
Chaque fois qu'elles reviennent me directement
Il a tout brisé,
Tant pis pour lui,
C'était plus jamais,
Tous ces mots qu'il voulait jurer,
Ces paroles qui me faisaient espérer et qui m'ont brisée,
Je me rappellerais ces quelques mots d'amour que tu m'as laissé. »

On n'est pas maître de son cœur

*Où dois-je recourir s'il faut
toujours aimer, souffrir, mourir ?*

H. de Balzac

Je t'en veux pour toutes les erreurs que tu as jamais commises et à cause desquelles tu m'as inspiré de la méprise, mais je t'en veux surtout pour le bonheur que tu m'as apporté et dont tu me prives.

Il avait joué avec elle un drôle de jeu : la tragédie de cœurs romantiques qui se rencontrent un jour par hasard et qui ne se retrouveront plus jamais.

*C'est dur d'aimer un cœur qui aime
ailleurs.*

Il avait manqué de constance, de force dans l'adversité. Il ne l'avait pas aimé assez.

Il n'y a rien dans une histoire d'amour dont on se souvienne mieux qu'une rupture.
La mienne a été effroyable, c'était comme si une étincelle, une petite partie de moi s'était éteinte.

L'amour, ce ne sont pas seulement des petits mots tendres et des baisers passionnés. C'est une faim dévorante, un désir exaspéré. Si vous refoulez ces sentiments, il ne reste plus qu'amertume et frustration... alors si vous êtes jeune et que vous avez encore toute votre vie devant vous, ne la gâchez pas.

La passion est dangereuse, par définition incontrôlable. Elle dévore, consume, engloutit, et fini inévitablement par détruire.

Sors moi de ta vie, j'en ai déjà fait autant... tu n'es déjà plus qu'un souvenir.

L'amour est une maladie insidieuse, le traitement est douloureux, mais la maladie l'est encore plus.

Toute passion, acceptée et conçue dans la seule sensualité, devient bientôt plus amère que la mort pour ceux qui s'y sont abandonnés.

Depuis la nuit des temps, les hommes se conduisent stupidement. C'est dans leur nature. Et il est dans celle des femmes de les surveiller afin de les empêcher de commettre trop de folies, de réparer les dégâts dans leur sillage et d'accepter finalement leurs excuses lorsqu'ils se rendent compte qu'ils se sont comportés comme des idiots.

La longue défense est le seul
mérite qui reste à celles qui ne
résistent pas toujours.

Quand on n'a pas ce que l'on aime,
il faut aimer ce que l'on a.

On essaye, on croit pouvoir oublier avec le temps, mais on n'oublie jamais rien, on vit avec.

A force de chercher de bonnes raisons, on en trouve ; on les dit, et après on y tient, non pas tant parce qu'elles sont bonnes que pour ne pas se démentir.

Si cela peut vous réconforter, sachez qu'il y a de la jubilation à voir un homme rentrer au bercail en rampant pour se rendre compte qu'il n'a manqué à personne.

Pourquoi tout s'écroule autour de mes pas ? Jamais le bonheur ne m'a entourée de ses bras.

Le cœur est un piètre conseiller qui nous incite aux faiblesses et aux renoncements les plus pitoyables. C'est à la raison qu'il faut s'en remettre, et à elle seule.

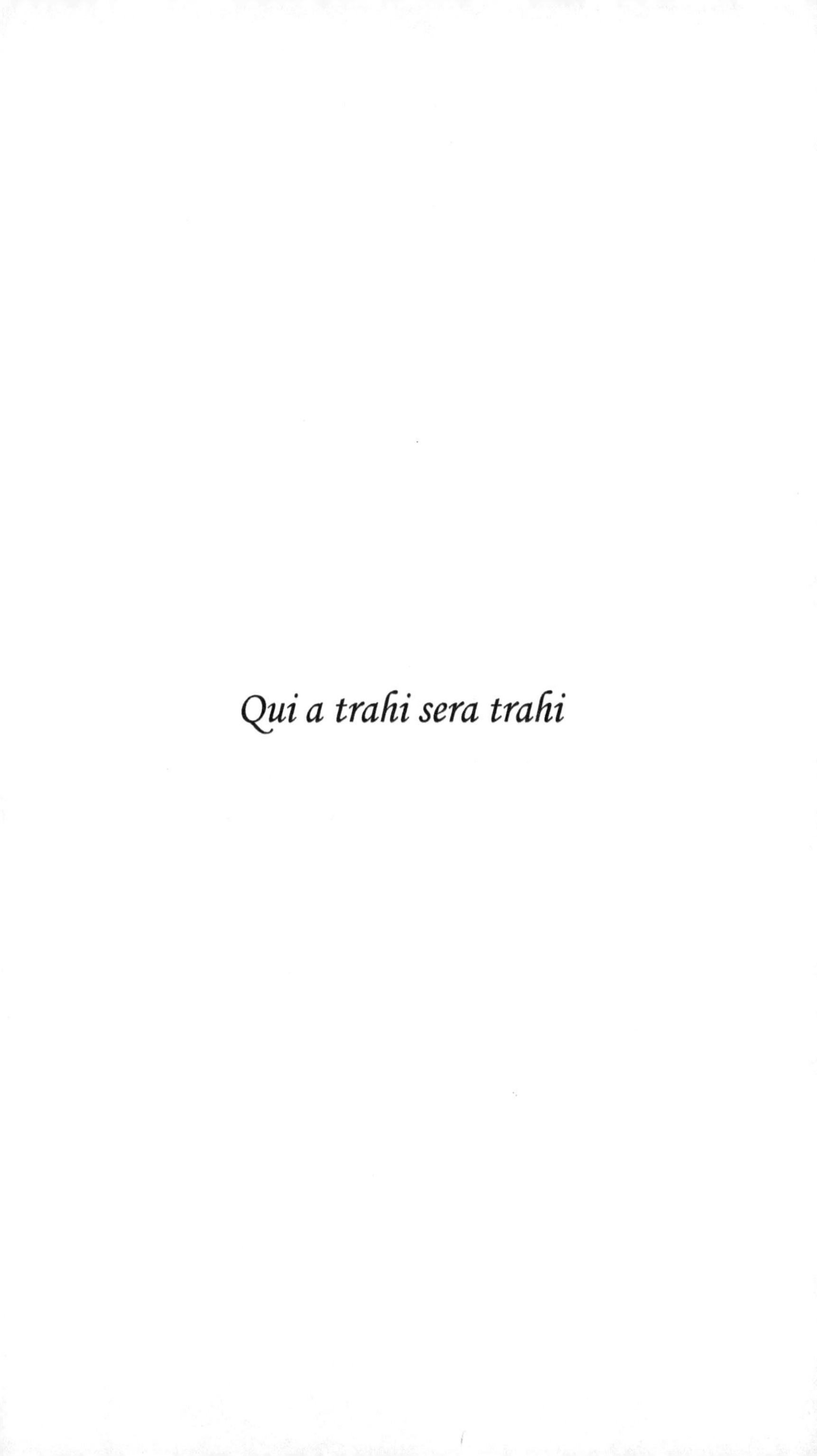

Qui a trahi sera trahi

On est libre.

On est seul à pouvoir se détruire
soi-même.

Le mal que nous font les autres est
moins important que la façon dont
nous réagissons.

Chacun de nous peut devenir une victime, blessée par les agissements d'autrui. Mais qu'il s'agisse d'un coup porté par l'objet de son affection, il arrive un moment où nous devons nous relever et poursuivre notre route. Et si nous en sommes incapable, il ne nous reste plus alors qu'à prier pour que quelqu'un vienne nous secourir.

Le problème avec les hommes, c'est que tant qu'une femme n'est pas entièrement à leur merci, elle ne peut pas savoir s'ils vont faire usage de leur force pour la protéger ou l'anéantir.

Renaissance

*Telle est la vie, tomber sept fois et
se relever huit.*

*Chaque émotion qui construit mon
être vient d'un de tes baisers*

*Aimer quelqu'un, c'est savoir dire
je t'aime sans parler*

Victor Hugo

Embrasse-moi de subord, viens mon ange, retracer le ciel, j'irai crucifier ton corps, pourrais-je t'embrasser...

Amor vincit omnia
L'amour est plus fort que tout.

L'amour n'est pas seulement un sentiment, c'est aussi un art.

H. de Balzac

Aimer et être aimé, c'est sentir le soleil des deux côtés.

D. Viscott

*J'entends ta voix dans tous les
bruits du monde.*

P. Eluard

*L'amour, c'est mon âme qui s'ouvre
sur un désir de te serrer contre moi.*

S. B. Auber

Tu es gravé dans mon cœur comme mon amour pour toi est gravé dans ton âme.

*D'un mot, d'un regard, il la faisait
se sentir belle et désirable*

L'harmonie la plus douce est le son
de la voix de la personne qu'on
aime.

J. de la Bruyère

Je t'aime non seulement pour ce que tu es, mais aussi pour ce que je suis quand nous sommes ensemble.

R. Croft

*L'amour a son instinct, il sait
trouver le chemin du cœur comme
le plus faible insecte marche à la
fleur avec une irrésistible volonté*

H. de Balzac

*Peu importe le reste du monde si
tu restes près de moi.*

Je ne vois rien de plus urgent que
savourer le temps où je suis avec
toi.

On ne ferait pas une divinité de l'amour s'il n'opérait souvent des miracles.

Ce que l'amour peut faire, l'amour ose le tenter.

W. Shakespeare

*A cœur conquérant tout est
possible*

L'amour est à la vie ce qu'est le
talent à la peinture,
Sans lui elle n'a pas de valeur, il la
fait belle.

F. le Priol

Je grandirai dans tes bras, mon
amour, comme le fer dans le feu.
Mais tiens-moi fort, ne me lâche
pas !
Car je suis le désir de ton cœur

Tam Lin

Tu avais peur de me décevoir et d'être laissée seule, mais c'est impossible pour moi, mon amour ; car la beauté de ton visage et de ton corps est pour moi le reflet d'une beauté intérieure, celle de ton cœur et surtout de ton âme, qui ne se fanera jamais ; c'est pourquoi je t'aimerai et t'adorerai toujours.

*L'amour est la victoire de
l'imagination sur l'intelligence.*

L'absence est à l'amour ce qu'est le vent au feu : il éteint le petit, il attise le grand.

Les plus grandes romances ne commencent jamais par un attachement réciproque.

*Le plus court chemin entre deux
cœurs n'est pas la ligne droite.*

*Je te veux pour un jour, et ton
cœur pour toujours.*

Les hommes croient toujours pouvoir dompter leurs passions avec la même facilité qu'ils jettent les choses devenues inutiles. Mais les sentiments collent à la peau. Quand on aime quelqu'un, c'est pour toujours.

*Les sentiments ne se calculent pas
et n'obéissent qu'à peu de lois.*

Amour et passion ne sont pas synonymes. La passion s'éteint vite, alors que l'amour vrai, lui, demeure.

*Si l'amour est un péché, à quoi
peut ressembler le paradis ?*

Personne ne meure d'un cœur brisé.

La courbe de tes yeux fait le tour
de mon cœur

P. Eluard

« Je ne sais pas ce que vous en pensez, mais sachez que moi je suis très romantique alors il ne faut pas m'en vouloir de penser de cette façon, mais je suis persuadée que le « grand amour », celui dont tout le monde nie l'existence, celui qui est cité à la fin de chaque conte ou histoire pour enfant, eh bien je suis sûre, même certaine, qu'il existe. Qu'il est quelque part. Qu'il nous attend, tous, au coin d'une rue ou au bout du monde, mais qu'il nous attend. »

L'amour véritable ne se regarde
pas dans un miroir.

Que deviendrais-je sans toi,
Toi qui hantes mes nuits et mes
pensées,
Toi qui m'entraînes sans cesse
dans un bonheur insensé
Toi qui m'attire dans des contrées
inexplorées,
Toi qui m'inspires et me fais rêver,
Toi qui, quand je suis dans les
ténèbres, apparais,
Toi, mon amour, que j'aime et que
j'aimerai.

Le verbe « aimer » peut se conjugueur à tous les temps, mais il n'est beau qu'au présent.

*Aimer, c'est vivre une passion
authentique, en dehors du temps
et sans compromis.*

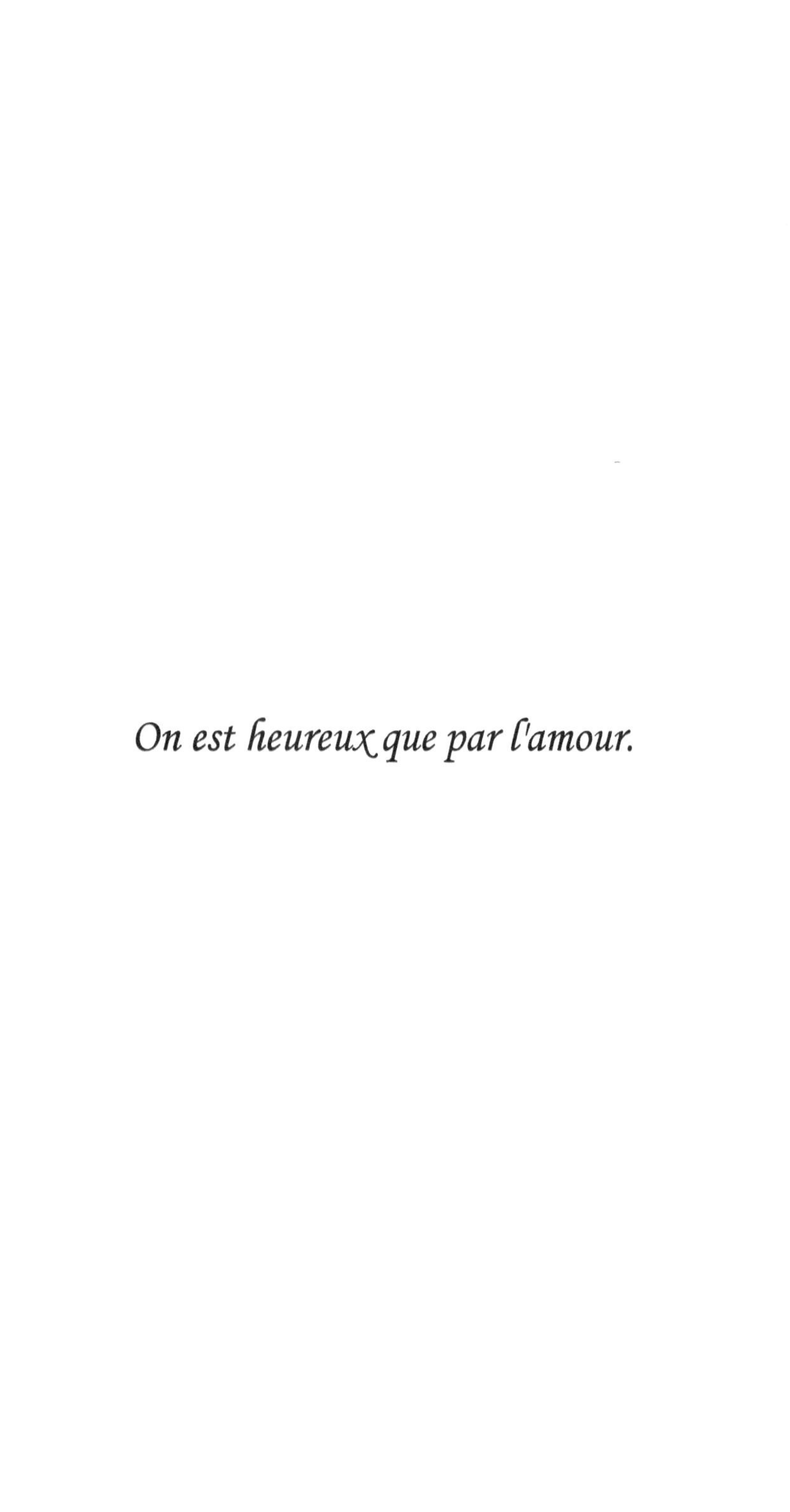
On est heureux que par l'amour.

Elle savait désormais qu'elle l'aimait d'un amour si profond qu'il se suffisait à lui-même.
Elle pouvait le regarder comme une étoile lointaine, avec un sentiment de plénitude intense.

Serait-ce que nous croyons les hommes moins sensibles à la peinture de nos peines qu'à l'image de nos charmes, et nous promettrions-nous encore plus de facilité à les séduire qu'à les toucher ?

Depuis trois mois, il l'enveloppait dans l'irrésistible filet de sa tendresse. Il la séduisait, la captivait, la conquérait. Il s'était fait aimer par elle, comme il savait se faire aimer.

*Un vrai désir se fiche éperdument
du lieu, du temps et de l'individu.*

*La tendresse a sa source dans le
cœur ; la sensibilité tient aux sens
et à l'imagination.*

*Les pires épreuves réservent
parfois les meilleures surprises.*

Lorsque deux cœurs sont faits pour s'accorder, il est bien inutile de vouloir les séparer. La loi de l'amour sera toujours plus forte que celle des hommes.

Et, telle une nouvelle Hélène,
Elle embrasa une nouvelle Troie...
Elle provoquait une fureur
mortelle
Ou inspirait le désir le plus tendre.

J. Dryden

*Qui est-elle, celle qui a la douceur
du matin, l'éclat de la lune...*

Cantique des cantiques

Je repense aux bons moments,
Lorsque nous sommes ensemble,
A ces merveilleux instants,
Qui nous lient et nous rassemblent.

« L'amour ? Je voudrais que ça soit comme le vent, certains soirs, dans la campagne, alors que la nuit n'est pas tout à fait tombée ; cette haleine tiède et étrangère, que l'on sent venir de loin, qui vous pénètre et vous enlève. Ou comme la première caresse de la vague, sur les pieds, après le long hiver. Je suis sur le sable, là où la mer n'arrive pas encore tout à fait, et j'attends.

Ce que je préfère, c'est le bruit soyeux après l'éclatement de la vague, quand l'eau, en une lisse caresse, prend tous les recoins et les pénètre, les rafraîchit, les fait vivre, y dépose sa mousse crépitante. »

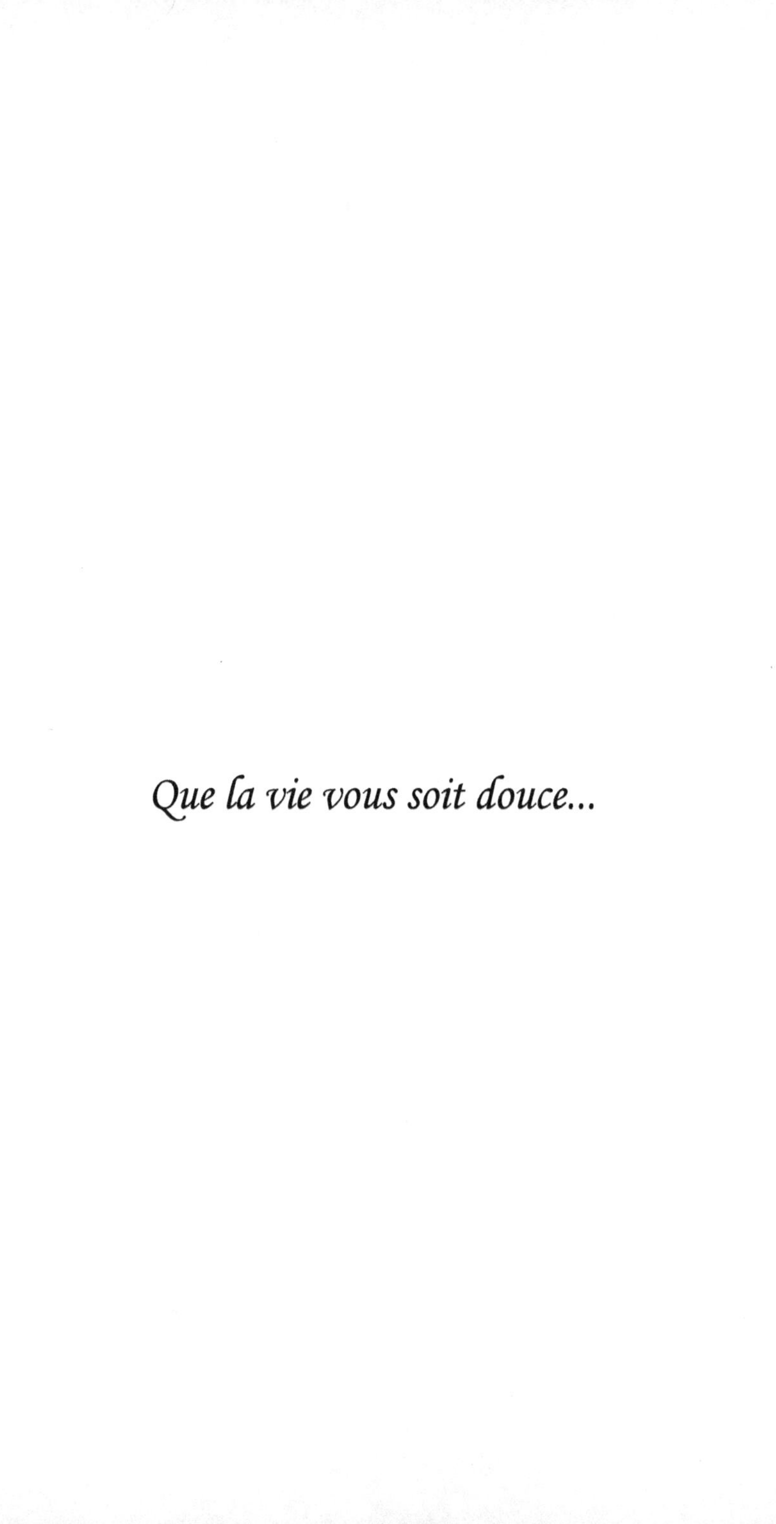

Que la vie vous soit douce...

Ce livre a été composé et édité par l'association littéraire
La Plume de l'Argilète.

Dépôt légal mai 2012

La Plume de l'Argilète
31 au joli fou, 57580 Rémilly
www.laplumedelargilete.com